LOS NIÑOS Y LA CIENCIA
Los ciclos de vida

Las Mariposas

Aaron Carr

www.av2books.com

CÓDIGO DEL LIBRO
BOOK CODE

Y 7 4 2 3 7 3

AV² de Weigl te ofrece enriquecidos libros electrónicos que favorecen el aprendizaje activo.
AV² by Weigl brings you media enhanced books that support active learning.

El enriquecido libro electrónico AV² te ofrece una experiencia bilingüe completa entre el inglés y el español para aprender el vocabulario de los dos idiomas.

This AV² media enhanced book gives you a fully bilingual experience between English and Spanish to learn the vocabulary of both languages.

Spanish   **English**

Navegación bilingüe AV²
AV² Bilingual Navigation

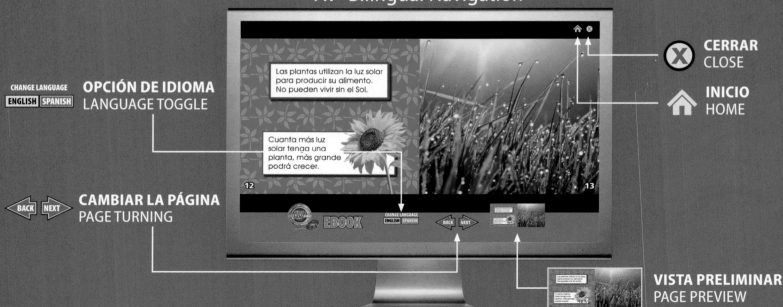

CHANGE LANGUAGE
ENGLISH SPANISH

OPCIÓN DE IDIOMA
LANGUAGE TOGGLE

CAMBIAR LA PÁGINA
PAGE TURNING

CERRAR
CLOSE

INICIO
HOME

VISTA PRELIMINAR
PAGE PREVIEW

2

LOS NIÑOS Y LA CIENCIA
Los ciclos de vida
Las Mariposas

CONTENIDO

3

Todos los animales comienzan su vida, crecen y producen más animales. Esto es un ciclo de vida.

5

Las mariposas son insectos.
Los insectos son animales
pequeños con cuerpos
divididos en tres partes.
Un insecto tiene su esqueleto
en el exterior del cuerpo.

8

Las mariposas nacen cuando salen del cascarón de los huevos. Los bebés comen un agujero en el huevo para salir.

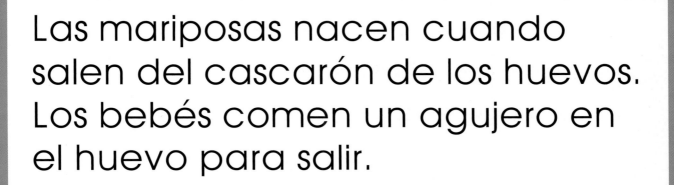

Las mariposas bebés parecen gusanos con patas.

Las mariposas bebés se llaman orugas. Comen mucho y crecen muy rápido. Las orugas abandonan su piel cuando crecen demasiado grande para estar en ella. En el ciclo de vida, esta es la etapa de larva.

11

12

Una oruga se adhiere en sí a una rama cuando se ha desarrollado por completo. En el ciclo de vida, esto se llama la fase de pupa.

La piel de la oruga se convierte en una cáscara dura en la etapa de pupa.

14

Una oruga puede permanecer en el interior de su capullo durante todo el invierno.
Se convierte en una mariposa dentro de este capullo.

Una mariposa se ha desarrollado completamente cuando sale de su capullo. Al principio, sus cuatro alas son blandas, pero pronto se vuelven duras. En el ciclo de vida, esta es la etapa de imago.

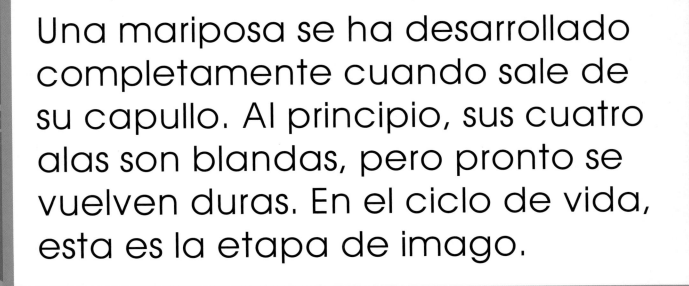

Las mariposas pueden volar pocas horas luego de salir del capullo.

Las mariposas ponen sus huevos poco después de comenzar a volar. Adhieren sus huevos a las hojas con un pegamento especial.

Los huevos de mariposa pueden ser redondos, ovalados o tener forma de tubo.

19

Hay alrededor de 24.000 especies de mariposas. Cada especie de mariposa tiene un tamaño o color diferente. El color y el tamaño de las mariposas provienen de sus padres.

Cuestionario sobre los ciclos de vida

Evalúa tus conocimientos acerca de los ciclos de vida de las mariposas mediante este cuestionario. Observa estas fotos. ¿Qué etapa del ciclo de vida puedes ver en cada imagen?

23

¡Visita www.av2books.com para disfrutar de tu libro interactivo de inglés y español!

Check out www.av2books.com for your interactive English and Spanish ebook!

1 **Entra en www.av2books.com**
Go to www.av2books.com

2 **Ingresa tu código**
Enter book code

Y 7 4 2 3 7 3

3 **¡Alimenta tu imaginación en línea!**
Fuel your imagination online!

www.av2books.com

Published by AV² by Weigl
350 5th Avenue, 59th Floor New York, NY 10118
Website: www.av2books.com   www.weigl.com

Library of Congress Control Number: 2014933357

ISBN 978-1-4896-2195-5 (hardcover)
ISBN 978-1-4896-2196-2 (single-user eBook)
ISBN 978-1-4896-2197-9 (multi-user eBook)

Printed in the United States of America in North Mankato, Minnesota
1 2 3 4 5 6 7 8 9 0 18 17 16 15 14

042014
WEP280314

Project Coordinator: Jared Siemens
Spanish Editor: Translation Cloud LLC
Art Director: Terry Paulhus

Every reasonable effort has been made to trace ownership and to obtain permission to reprint copyright material. The publishers would be pleased to have any errors or omissions brought to their attention so that they may be corrected in subsequent printings.

Weigl acknowledges Getty Images as the primary image supplier for this title.